Les secrets pour investir
dans les crypto-monnaies

Contenu

- Que sont les crypto-monnaies ? 5
- Types de crypto-monnaies 6
- Le monde des crypto-monnaies et l'aspect juridique 7
- Les marchés des crypto-monnaies aujourd'hui 10
- Ce qu'il faut éviter lorsqu'on investit dans les crypto-monnaies 14
- Conseils sur les investissements en crypto-monnaies 21
- Comment fonctionnent les stratégies de trading de crypto-monnaies 25
- Les composantes d'une stratégie de trading de crypto-monnaies 26
- Comment acheter des crypto-monnaies 28
- Comment miner des crypto-monnaies 30
- La rentabilité de l'extraction de crypto-monnaies 31
- Meilleures stratégies de trading de crypto-monnaies 32
- Comment négocier des investissements en crypto-monnaies 41
- Les stratégies d'investissement en crypto-monnaies les plus utilisées en 2021 . 43
- Comment l'effet de levier est utilisé sur l'investissement 48
- Étapes du trading de crypto-monnaies 49
- Les astuces pour faire partie du commerce 52
- La psychologie du trading 54
- Comment négocier des crypto-monnaies, étape par étape 60
- Types d'opérations 62
- Ce que vous devez savoir sur les échanges 65
- Comment choisir la meilleure casa da cambio pour l'investissement 67
- Les meilleurs marchés boursiers pour acheter et investir dans les cryptocurrences 69
- Marchés prédictifs à considérer en 2021 72
- La diversité des crypto-monnaies 76

Les crypto-monnaies les plus rentables 78

Quel investissement choisir dans le monde des crypto-monnaies ? 80

Les avantages et les inconvénients d'investir dans les crypto-actifs. 81

Les meilleurs courtiers de démonstration 86

Méthodes alternatives pour gagner de l'argent avec les crypto-monnaies........89

Les secrets pour investir dans les crypto-monnaies

La popularité des crypto-monnaies augmente d'année en année, mais la vérité est que cette préférence est soutenue par le nombre de personnes qui investissent, et génèrent des revenus avec grand succès, c'est donc un secteur auquel il faut consacrer de l'attention pour profiter des opportunités qu'il postule sur le plan économique.

Mais si vous ne savez toujours pas ou ne savez pas ce qu'est un Ethereum ou un Tether, il n'y a aucune raison de s'inquiéter, la plupart ont seulement plus de proximité ou de connaissances sur le Bitcoin, mais en réalité il y a plus de 1000 crypto-monnaies dans le monde, chacune avec un concept différent, mais toutes sont décentralisées, volatiles et ouvertes à la transaction active.

Que sont les crypto-monnaies ?

La définition de la crypto-monnaie est une monnaie virtuelle, elle a une grande extension numérique, mais elle manque de présentation physique, puisqu'elle utilise la cryptographie, étant la manière par laquelle les transactions sont générées et gérées, de la même manière, toutes sortes de monnaies sont en constante émergence.

Les principales qualités d'une crypto-monnaie commencent par avoir un support physique, mais il s'agit de liquidités virtuelles, pour cette raison, elles ne peuvent pas être stockées dans des dispositifs physiques d'aucune sorte, d'autre part la cryptographie est responsable de la création d'unités et n'est pas contrôlée par un quelconque gouvernement.

Le fonctionnement principal de ce support est basé sur la technologie blockchain, étant utile pour générer de plus en plus d'unités, il est essentiel de souligner que la quantité d'unités de cette monnaie est limitée.

Types de crypto-monnaies

Il y a beaucoup de crypto-monnaies, de Dash, Ethereum, Litecoin, et beaucoup plus, bien que la plupart connaissent seulement la popularité de Bitcoin, la différence entre chacun est le type de philosophie qu'ils ont, tous utilisent généralement la technologie blockchain, mais avec les changements, il devient plus efficace de traiter.

Certaines crypto-monnaies, utilisent des formules monétaires très différentes, comme certaines ont un nombre infini de circulation, tandis que d'autres n'effectuent ou n'appliquent pas cette mesure, la même chose s'applique à la transparence des transactions, donc lors de l'investissement, il est nécessaire d'appliquer des connaissances financières de ces domaines.

Le monde des crypto-monnaies et l'aspect juridique

Tout d'abord, le concept derrière les crypto-monnaies est essentiel, ils sont des monnaies numériques, qui se composent d'une cryptographie qui génère un moyen de paiement fiable, cela provoque que des questions peuvent se poser sur le fonctionnement de la même, ainsi qu'une sorte de loi qui protège leur utilisation, de considérer les risques.

Lorsque vous envisagez d'investir dans une crypto-monnaie, il est essentiel d'étudier chaque détail concernant les risques, ainsi que le type d'investissement que vous êtes prêt à faire, car c'est la clé pour faire chaque étape en toute sécurité, afin que vous puissiez vous adapter aux exigences et aux mécanismes derrière chaque crypto-monnaie.

À chaque fois, les réglementations légales et fiscales progressent dans le monde des crypto-monnaies, au fur et à mesure que l'utilisation de ces monnaies progresse et se répand dans différents domaines, mais à chaque fois, il faut faire attention à cette caractéristique de volatilité qui leur est propre, et à bien des égards, c'est encore un marché en développement.

Le meilleur exemple des changements économiques que subissent les crypto-monnaies est attesté par les 20% que chacune des monnaies peut décliner, c'est-à-dire que de la même manière qu'elles montent, elles peuvent aussi baisser, donc chaque opération doit être mesurée.

- **Réglementation imposée aux crypto-monnaies**

Les autorités n'interviennent pas sur les crypto-monnaies, mais la Commission européenne continue de concevoir des méthodes permettant de réglementer cet aspect, notamment pour un contrôle direct des marchés des crypto-monnaies, afin que le consommateur et l'investisseur puissent compter sur une sécurité juridique.

Cette vision de la régulation qui se cache derrière les crypto-monnaies cherche à classer celles qui sont considérées comme sûres ou légales, et seront considérées comme de la monnaie électronique, raison pour laquelle elles seront régulées par les autorités expertes en Europe.

Compte tenu de l'absence de réglementation, les transactions avec les crypto-monnaies ont été liées au blocage des capitaux, ce que l'on ne peut pas nier complètement, surtout avec le Bitcoin, mais ce n'est pas le principal ni le seul moyen de réaliser ces plans, car même les institutions bancaires s'y sont prêtées.

Pour cette raison, dans l'agenda de la Commission européenne, l'étude du blanchiment d'argent est incluse, ce qui cherche à forcer chaque bourse à rester sous réglementation, ou c'est ce qui est aspiré, dans la réglementation du blanchiment d'argent, la fonction des bourses a été pensée, pour couvrir cet aspect.

Ces considérations sont des motivations incluses dans le projet de loi sur les mesures de prévention et de lutte contre la fraude fiscale, qui a un champ d'action en Espagne, en plus il a une formulation initiale remontant à la loi 7/2012, cherchant une incorporation de contrôle sur cet aspect des monnaies virtuelles.

- **Les crypto-monnaies et la relation avec les banques centrales**

À l'heure actuelle, le lancement de crypto-monnaies par les banques centrales est très attendu, à cet égard la Banque centrale de Chine est l'une des plus avancées dans ce domaine, car elle a un projet solide derrière sa crypto-monnaie DC/EP, tandis que la Banque centrale européenne, ne montre toujours aucun signe de suivre cette voie.

Une fois que la Banque Centrale de n'importe quel pays s'implique dans le monde des crypto-monnaies, un changement direct sur les modèles d'affaires ainsi que sur la gestion publique voit le jour, provoquant une relation différente entre les individus, et sur l'administration, c'est une révolution qui doit être bien étudiée.

Les marchés des crypto-monnaies aujourd'hui

Depuis 2009, lorsque le bitcoin a émergé, il a ouvert une grande porte sur un monde de possibilités d'investissement étendues sur plus de cryptocurrences, donc en 2013, il est devenu un marché plein d'investisseurs, donc en 2020, on estime qu'il y a jusqu'à 2000 cryptocurrences comme opportunité d'investissement.

La capitalisation qui fait partie de ce marché, devient une grande raison de faire partie de ces mesures, c'est une affaire de grande envergure qui est venue mettre en mouvement jusqu'à des centaines de milliards, avec une grande proximité aux milliards, c'est un moyen qui a beaucoup d'alternatives pour la participation.

À cette échelle du marché, on ajoute la technologie connue sous le nom de Blockchain, étant une offre de sécurité, ce qui contribue à augmenter la popularité de ce moyen d'investissement, c'est une nouveauté qui s'est installée complètement, mais il est habituel qu'il y ait des doutes sur les lapsus d'investissement, ceux-ci méritent une analyse de ce qu'ils impliquent.

- **Investissements à long terme en cryptocurrences**

Il se réfère à un type d'investissement qui est pratiqué en attendant un changement de prix dans le temps, étant une position simple, généralement cette préférence pour une crypto-monnaie ou un mouvement, est détenu pendant 6 mois à un an pour obtenir cette classification, tout dépend des revendications personnelles.

Certains utilisateurs peuvent chercher un investissement jusqu'à 10 ans, qui est à la discrétion personnelle, ainsi que développé par étapes, ou si pratiqué sur une seule action directe, cela permet de poursuivre des objectifs spécifiques, tels que l'estimation du prix à prévoir pour vendre la crypto.

En plus de cette vision, il est important de savoir si la vente sera réalisée à différents moments ou partiellement, ainsi que si l'entreprise est prête à passer à un investissement à court terme face à des complications, c'est-à-dire que dans certains cas il est possible d'innover avec un changement de stratégie, pour lequel une enquête approfondie doit être menée.

Les points à vérifier avant de décider d'un investissement à long terme sont les suivants : l'existence d'une équipe solide pour soutenir l'investissement, l'existence d'une technologie utile à la hausse des prix, la capacité dont vous disposez pour effectuer des recherches sur une crypto et le fait que votre concept vise à résoudre un problème du monde réel.

Avant d'investir, il est nécessaire d'être convaincu de son potentiel, de sorte que plus tard il n'y a pas de regrets, les raisons de choisir cette modalité est que l'investisseur a une plus grande tranquillité d'esprit de ne pas suivre de près la fluctuation, il est un niveau inférieur de stress, en plus du niveau des profits possibles à atteindre.

- **Investissement à court terme dans les crypto-monnaies**

Dans le cadre d'un investissement à court terme, il est essentiel de se rappeler qu'il s'agit de courtes périodes de temps, pour être à la recherche de profits rapides, les périodes fréquemment utilisées sont les secondes, les minutes, les jours, les semaines et dans de rares cas même les mois.

Le fonctionnement de ce type d'investissement est développé en répondant aux questions du montant des pertes que l'investisseur est prêt à affronter, car les chutes soudaines sont des scénarios habituels dans ce monde, il y a aussi le fait de mesurer les bénéfices à récolter, et la patience est requise pour bien étudier chaque étape à suivre.

La capacité à suivre de près l'analyse technique, devient un axe prioritaire, car les caractéristiques habituelles de ce média est un grand volume d'opérations, il est également confronté à une faible capitalisation boursière, et l'impact des réseaux sociaux sur ces mouvements est essentiel.

- **Comment choisir d'investir à court ou à long terme dans les cryptocurrences ?**

Pour déterminer s'il est plus pratique de choisir un investissement à court ou à long terme, il n'y a pas de formule magique, mais cela dépend directement du type d'objectifs que vous avez, en plus de l'expérience antérieure dans le monde des cryptocurrences, donc quand il s'agit de planifier un projet, il est préférable de penser à long terme.

D'autre part, lorsqu'il est basé sur une vision ou un suivi des nouvelles crypto-monnaies sur le marché, il se combine beaucoup plus avec un investissement à court terme, bien que ce soit un chemin plus risqué, mais ils sont toujours de bonnes idées pour obtenir des revenus, car il n'y a aucun doute sur le potentiel des crypto-monnaies pour générer de l'argent.

Le détail qui prévaut sur toute autre manière, c'est que vous pouvez perdre de l'argent, c'est un monde qui n'a pas de règles écrites, il n'y a aucun moyen de prévoir les mouvements avec certitude, la seule prémisse clé est d'investir de l'argent que vous n'avez pas peur de perdre, c'est ce que vous devez garder à l'esprit.

Ce qu'il faut éviter lorsqu'on investit dans les crypto-monnaies

Dans un monde moderne où chaque personne parle activement des crypto-monnaies et les utilise, elles sont établies comme un type de liberté financière à ne pas manquer, il vaut donc la peine de s'éduquer dans ce domaine, sans négliger certaines erreurs qui sont faites quotidiennement sur une variété de plateformes.

Mais l'important est qu'au sein du processus d'apprentissage, la monétisation de chaque action ne soit pas perdue de vue, afin qu'aucun argent ne soit perdu dans le cadre de cette planification, car comme l'indique Warren Buffett, la règle numéro 1 est de ne pas perdre d'argent, et la règle numéro 2 est de ne pas oublier la première règle, c'est une prémisse du maintien du réalisme.

- **N'investissez pas dans le premier site que vous trouvez**

Il est très facile de perdre de l'argent en investissant sans identifier la sécurité, le secteur des crypto-monnaies compte un grand nombre de sites web, pour cette raison un aspect à protéger est la licence pour opérer librement avec chaque fonction, c'est un détail sur lequel il ne faut pas se tromper, sinon tout est complètement perdu.

Une fois que les crypto-monnaies sont devenues à la mode, cela crée un grand vide pour les escrocs qui en profitent avec de faux messages, c'est une impulsion qui cherche à se répandre sur les utilisateurs avec peu d'informations, et vous ne devriez pas tomber dans ce genre de piège, peu importe le montant que vous allez déposer.

Pour mettre de côté ces problèmes, il est crucial de chercher un investissement beaucoup plus sûr, vous amenant à faire partie d'une entreprise totalement légale, et ne cherchez pas à fuir la question des commissions, mais l'essentiel est que votre argent ne peut pas disparaître, car au lieu d'aller dans votre portefeuille, il va au créateur du site web.

En plus des publicités, également de nombreux appels téléphoniques peuvent être utilisés pour promouvoir les sites Web, et les achats de crypto-monnaies, quand à la fin ils sont une escroquerie, ce genre de pourcentages d'escroquerie peut être mis de côté avec un rôle scepticisme, le contrôle est utile pour ne pas faire des achats impulsifs qui sont regrettés.

- **Investir dans un cours pour apprendre les crypto-monnaies.**

Pour que les étapes dans le monde des crypto-monnaies soient fiables, il est vital d'investir en vous-même, cela ne fait jamais de mal, chaque information à la fin vous pouvez l'utiliser pour générer plus d'argent, chaque décision qui met votre argent en danger, a besoin d'un haut degré de conscience, sinon vous remarquez que les autres ont du succès et vous n'en avez pas.

Ignorer le sujet de l'apprentissage, ou essayer de progresser par soi-même, ne fait que vous faire perdre beaucoup de temps, et en matière d'investissement, cela n'est pas considéré comme rentable, donc tant que vous maîtrisez chaque élément de connaissance dont vous avez besoin, vous serez sur la voie d'une résolution efficace de résultats rentables.

Mais il ne peut s'agir de n'importe quelle formation, vous devez rechercher des cours qui sont ratifiés, et que les intervenants peuvent démontrer leurs résultats, l'essentiel est que vous continuiez à apprendre constamment, en évitant également que ces alternatives d'apprentissage gardent votre argent.

Au lieu de chercher une méthode d'apprentissage qui ne vous dit que ce que vous voulez entendre, il vaut mieux chercher un moyen qui constitue un défi pour vous, en plus d'éviter ces publicités trompeuses où l'on vous apprend comment multiplier votre argent rapidement.

- **Éviter d'acheter face à des prévisions non fondées**

Lorsque les sentiments sont impliqués dans la question de l'achat et de l'investissement dans les cryptocurrences, le résultat finit par être négatif, tant de fois dans un marché de bons moments ou des prédictions pour investir sont annoncés, mais ce ne sont que des positions qui cherchent à profiter de la cupidité des utilisateurs.

Il est facile d'attirer les gens lorsqu'on enseigne des concepts, comme ceux qui indiquent qu'une certaine cryptomonnaie va monter sans s'arrêter, car cela peut être de l'argent facile, mais en réalité, c'est un chemin facile, et le marché peut chercher à générer ces mouvements pour profiter de l'achat et de la vente de l'actif.

Chaque marché d'investissement a sa bulle de hausse, ainsi qu'une baisse où vous pouvez facilement perdre de l'argent, pour cette raison, vous devez toujours être prudent avec chaque estimation ou situation, surtout lorsque vous ne pouvez pas prédire l'avenir, la valeur est impossible à contrôler avec certitude, au-dessus de toute promesse.

- **Ne choisissez pas les prêts comme incitation à investir dans les cryptocurrences**

Une règle classique à suivre dans le cadre du mouvement ou des mesures d'investissement, est de ne pas investir ce dont vous pourriez avoir besoin dans le futur, pour cette raison, s'endetter n'est pas recommandé pour faire partie du mouvement des crypto-monnaies, sinon les résultats peuvent être fatals, même si la crypto-monnaie est très prometteuse.

Penser que vous allez gagner plus d'argent, et demander un prêt pour atteindre l'investissement, n'est pas la chose la plus positive, parce que si le mouvement ou le choix va mal, vous ne serez pas en mesure de payer le prêt, vous aurez gagné une dette, ce dans chaque cas, varie, parce qu'il peut aller bien et payer l'argent en suspens, ou aggraver la situation complètement.

- **N'achetez pas à un prix bas en espérant qu'il augmentera et que vous deviendrez millionnaire.**

Au milieu du marché il y a un grand nombre de crypto-monnaies qui ne sont pas très connues, celles-ci sont choisies sans se renseigner simplement pour leur valeur, pour maintenir un investissement à long terme jusqu'à ce qu'elles augmentent, mais ce n'est pas une règle à prendre en compte, car toutes les crypto-monnaies n'augmentent pas de la même manière ou n'atteignent pas une valeur optimale.

Pour éviter cela, il est nécessaire de savoir ce qui se cache derrière la crypto-monnaie, surtout lorsque peu de temps s'est écoulé depuis son lancement, et qu'il est plus probable d'attendre même si elles augmentent de 10%, au lieu d'avoir des aspirations qu'elles augmentent 10 fois plus.

- **N'achetez pas sans mesure**

Opérer à l'aveugle, prendre des décisions sans connaissance, est une grave erreur, surtout quand on sait que plus de 485 entreprises dans le monde disparaissent en un an, surtout quand un effet de bulle se déclenche, ce qui est fréquent avec la sortie quotidienne des crypto-monnaies.

Acheter des crypto-monnaies sans sens, ne génère aucun type de garantie, car le plus habituel est que cet investissement n'atteigne aucun point productif, sans oublier que certaines de ces monnaies virtuelles sont basées sur une arnaque, c'est pourquoi l'étude sur leurs créateurs est la meilleure protection pour ne pas s'emballer.

- **N'investissez pas sans savoir ce que vous faites.**

Pour ne pas perdre d'argent, il est essentiel d'étudier et de comprendre ce que vous faites, peu importe si quelqu'un d'autre vous conseille d'acheter, ou si on vous appelle, ce qui est vital c'est de se consacrer à chaque information financière, et de suivre les options de la plateforme avec laquelle vous opérez, pour agir de cette manière, il faut beaucoup de préparation.

Conseils sur les investissements en crypto-monnaies

La prise de décision dans l'investissement en crypto-monnaies joue un rôle clé pour aller loin dans cet environnement, bien que réussir dans cet environnement implique également l'action ou l'effet de différents facteurs, l'un d'eux est la discipline, la confiance et l'utilisation d'outils de gestion des risques.

En étant conscient de ce type de détails qui sont sous-estimés, vous pouvez profiter du potentiel qui fait partie des crypto-monnaies, pour atteindre un niveau optimal, vous devez développer les actions suivantes :

1. Recherche sur les pièces de monnaie

Les informations que vous avez sur les crypto-monnaies sont déterminantes, plus vous pouvez connaître de détails, mieux c'est pour l'investisseur, il faut avoir le temps de connaître suffisamment, aussi chaque nouveau développement de la technologie blockchain est aussi utile, sans perdre de vue les tendances des marchés financiers.

Comprendre chaque aspect sur la crypto-monnaie que vous tradez est fondamental, pour arriver à ce niveau, vous devez maintenir une recherche continue, car les marchés évoluent de plus en plus vite, et après chaque événement, ils imposent une réponse ou un mouvement, c'est donc une formation de développement technique.

2. Concevoir un plan de négociation

La formation d'un plan de trading se base sur une étude complète où se reflètent les opérations, à laquelle s'ajoutent les détails de la réponse aux risques, en plus des objectifs poursuivis depuis le début, afin de pouvoir choisir entre une stratégie et une autre, sans oublier d'établir des règles de gestion des risques.

Au milieu de cette planification, vous pouvez également établir les détails d'un marché, de cette façon vous pouvez opérer avec une plus grande fluidité, c'est un développement constant des compétences, pour avoir une vision attachée aux incidences du marché.

3. Formation en commerce

Pour acquérir de l'expérience dans le trading de crypto-monnaies, il n'y a rien de plus satisfaisant que d'effectuer une formation, vous pouvez commencer par un compte de démonstration, afin d'apprendre chaque option, chaque lecture que la plateforme possède, et cela permet de façonner votre plan de trading, c'est un test des détails.

Ensuite, lorsque vous pourrez progresser dans le trading, il sera temps de passer à un compte réel, ainsi qu'à des cours et séminaires en ligne qui aident au développement des compétences de trading.

4. Mettre en œuvre des stratégies et des outils de gestion des risques.

L'une des mesures les plus habituelles pour exercer la gestion des risques consiste à calculer le rapport risques-avantages établi, ce qui signifie qu'avant d'envisager toute opération, il est essentiel d'évaluer s'il vaut la peine de prendre ce risque en échange de l'obtention de ce bénéfice potentiel, en fonction du montant de la perte potentielle.

Le ratio que vous choisissez dépend du niveau de risque que vous êtes prêt à opérer ou à défier, il s'agit essentiellement de circonstances personnelles, ainsi que du type de stratégie que vous exécutez, c'est également un sujet qui peut être étudié en profondeur.

5. Emploie des arrêts et des limites

L'utilisation de stops est très utile, puisqu'elle permet de fermer automatiquement une opération dans le cas où le prix a un mouvement contraire, à cette fin certains montants doivent être établis, il y en a quelques uns de base qui sont gratuits, qui sont fermés lors de la fixation d'un prix pire que celui demandé sur le marché ou s'il y a des écarts.

En plus des stops de base, il y a aussi les stops garantis, qui sont d'une grande aide pour fermer les opérations, ils suivent le niveau exact de la limite qui est établie, mais pour l'utilisation de la même, une prime doit être payée, et d'autre part il y a les stops dynamiques, où les mouvements positifs sont suivis, mais ils ne sont pas garantis face à des changements rapides.

6. Restez discipliné

Dans tout type de trading de crypto-monnaies, il est vital de faire preuve d'un haut niveau de discipline, chaque étape doit être alignée avec le plan choisi, afin que vous puissiez éviter de tomber dans n'importe quel piège, c'est une approche utile dans tous les sens afin que les émotions ne puissent pas prendre le dessus sur toute étape à effectuer.

Le plus important est de suivre une vision gagnante, afin que les opérations soient assumées avec responsabilité, l'important est de pouvoir maintenir cette qualité d'orientation sur les opérations.

Comment fonctionnent les stratégies de trading de crypto-monnaies

On croit généralement que l'application d'une stratégie de trading, produit un effet sans se soucier de sa performance ou de son fonctionnement, mais la vérité est qu'elles peuvent être appliquées manuellement, semi-automatiquement, et même entièrement automatisées, tout dépend du type de préférence de chaque investisseur.

Dans le cas d'une stratégie manuelle, les transactions sont effectuées avec une méthodologie d'entrée et de sortie, et les résultats sont affichés via la plateforme, tandis que les semi-automatiques utilisent des plateformes similaires à tradingview, où les alertes d'achat et de vente sont émises, tout est géré, même les indicateurs.

Bien que les actions de trading doivent être effectuées par l'investisseur, jusqu'à la dernière place est le trading automatisé, il est basé sur une performance technologique de 100%, faisant que les signaux d'entrée et de sortie du marché sont produits par des bots, suivant les règles justes d'ouverture et de fermeture des trades.

Les composantes d'une stratégie de trading de crypto-monnaies

Pour qu'une stratégie de trading soit réalisée, une manière de trader entre en jeu, soutenue par différents éléments, comme l'utilisation d'indicateurs techniques, cette manière appropriée de lire chaque mouvement du marché, il est essentiel d'apprendre à travailler avec ces éléments pour gagner en clarté dans le trading et réussir.

1. Plate-forme de graphiques

Ce support est idéal pour entrer en contact avec les indicateurs, tout type de stratégie peut se refléter ou se manifester sur cet espace, de plus tout permet de programmer quelques indicateurs personnels, il devient donc plus important de considérer ces sites web, il suffit de créer un compte pour utiliser et apprendre chaque outil.

2. Indicateurs techniques

Tout type de stratégie utilise entre 1 et 3 indicateurs, qui servent principalement à suivre de près les signaux de trading, et il y a toujours un indicateur pour filtrer les erreurs qui peuvent se produire.

3. Seteos

Les indicateurs ont des ensembles, chacun a sa propre configuration, vous ne pouvez pas comparer le fonctionnement avec un seul indicateur, à l'utilisation de toute une série d'indicateurs techniques qui sont enchaînés ensemble.

4. Alertes

Lors de l'élaboration de toute opération, il est essentiel de ne perdre de vue aucun détail. Ainsi, la plupart des stratégies doivent comporter des avertissements pour effectuer tout achat ou toute vente.

5. Niveaux et signaux

Tout type de modèle de stratégie nécessite la délivrance de signaux qui ne peuvent être confondus, afin d'avoir un suivi efficace de l'entrée et de la sortie du marché, c'est une façon de protéger les opérations avant la manifestation de pertes, cela a également une grande utilité pour les sorties progressives.

Chacun de ces éléments est essentiel pour disposer d'une analyse précise, l'opération doit être aussi irréprochable que possible, mais à tout moment peut être ajustée à vos objectifs pour développer une performance plus efficace en tant qu'investisseur.

Comment acheter des crypto-monnaies

Les principales façons d'acheter des crypto-monnaies, sont d'abord sous un achat ou par le minage, le premier est l'un des plus pratiqués, au lieu de cela le second se réfère à un moyen beaucoup plus accessible, d'autre part le second est une portée d'un niveau plus élevé de la rentabilité.

L'achat de ces monnaies virtuelles n'est pas loin de l'investissement de matières premières, la distinction se fait sur la plateforme, et actuellement il y a beaucoup de sites web spécialisés dans cette fonction, mais cela a des classifications différentes selon leur gestion ou le développement d'options sur le marché.

Dans le cas des portefeuilles de crypto-monnaies, une gamme d'options se présente qui fournissent un autre type de fonctionnement et de sécurité, selon la meilleure classification sur ces deux éléments, les alternatives suivantes sont ordonnées :

- **Portefeuilles froids**

Il correspond à un hardware, c'est-à-dire un dispositif physique par lequel les pièces sont stockées, il sert de grande protection contre le vol, mais il est complexe au moment d'effectuer certaines transactions.

- **Applications de portefeuille**

Il s'agit d'un logiciel qui effectue une simulation comme un portefeuille, son accès se développe en téléchargeant son programme sur l'ordinateur, exploitant ainsi chacune des alternatives du marché.

- **Portefeuilles en ligne**

C'est un modèle très répandu de nos jours, le mode d'accès à ceux-ci est en ligne, il suffit d'une simple connexion internet, il n'est pas nécessaire d'effectuer un quelconque téléchargement, l'avantage de ce choix est de pouvoir effectuer des transactions sans aucune complication.

- **Maisons d'échange**

Correspondant à une banque de crypto-monnaies, le fonctionnement qu'ils fournissent est similaire à celui d'un courtier, c'est un moyen simple d'acheter et en même temps de vendre des crypto-monnaies.

Comment miner des crypto-monnaies

C'est une deuxième façon d'investir dans les crypto-monnaies, et elle est réalisée en faisant partie d'un groupe de personnes qui résolvent des algorithmes mathématiques, afin qu'ils puissent obtenir des fragments sur la monnaie numérique qu'ils minent, cela vous fait réfléchir sur la façon dont ce processus est fait, et ce qu'il faut pour arriver à ce niveau.

La première chose dont vous avez besoin pour miner des crypto-monnaies est un ordinateur, et lorsque vous recherchez un niveau plus spécialisé, il est nécessaire de mettre en œuvre une machine spéciale, à cela adhère la considération de la valeur possédée par la monnaie numérique que vous avez l'intention de miner, puisque c'est l'exigence de la puissance de la machine.

Il est essentiel d'estimer que pendant ces opérations il y a une grande demande de consommation d'électricité, cela est dû au fait qu'il y a un grand nombre de personnes qui exploitent les mines, ce qui met au défi le potentiel des machines, à cela s'ajoute l'estimation de la rentabilité, car si ces dépenses dépassent ce que vous gagnez, cela n'a pas de sens de suivre cette ligne.

Mais au fil du temps, diverses alternatives pour miner les crypto-monnaies sont présentées, c'est ce qu'on appelle le cloud mining, ce qui est fait est de louer une puissance minière plus élevée sur une ferme minière, quand un haut niveau de puissance est acquis, plus les profits obtenus sont élevés.

C'est pourquoi, au lieu de vous concentrer sur la présence d'équipements spécialisés dans vos installations, vous devriez seulement payer pour certains qui se trouvent dans un autre endroit, mais dont les performances sont moindres. Pour cela, il existe des entreprises comme Cloud Mining, où le pouvoir minier est cédé.

La rentabilité de l'extraction de crypto-monnaies

Penser à miner des cryptocurrencies, non seulement vous fait penser à une dédicace de temps, mais comme mentionné ci-dessus, tout dépend de la quantité d'équipement nécessaire, donc avant de le faire, les estimations suivantes sont clés comme :

Équipement et investissement pour celui-ci.

Le niveau de concurrence sur le marché.

Prix ou valeur de la consommation, pour maintenir une connexion qui permet l'exploitation minière.

Le refroidissement nécessaire au fonctionnement de l'équipement.

C'est sur la base de ces variables que vous pouvez prendre une décision, ainsi qu'une comparaison sur le niveau de rentabilité que présente cette option, mais c'est l'une des mesures les plus adoptées après le trading, il vaut donc la peine d'étudier les possibilités correspondantes pour prendre la mesure appropriée.

Meilleures stratégies de trading de crypto-monnaies

La grande quantité de crypto-monnaies, sont une tentation pour essayer de générer de l'argent en investissant dans l'une d'entre elles, c'est une grande opportunité même d'avoir des actions d'Apple, ou Amazon, étant l'une des actions les plus importantes qui sont disponibles sur ce marché, avec une telle variété, augmente l'importance de la décision de chaque investisseur.

Pour cette raison, il s'agit de découvrir la bonne crypto-monnaie dans laquelle investir, et la meilleure stratégie qui peut faciliter cet investissement, donc pour augmenter vos chances de succès sur ces étapes d'investissement, ces astuces sont similaires à celles appliquées dans la spéculation avec le Forex, les futures, les actions et d'autres types de marchés.

Ces stratégies réalisent une méthode simple, au fur et à mesure que vous les testez, vous pouvez choisir celle qui fonctionne le mieux, sans oublier de garder une recherche proche des tendances, afin de pouvoir opérer correctement, donc les étapes suivantes sont très bien connues et sûres à mettre en œuvre.

1. **Stratégie d'achat et de conservation**

Ce type d'action dans le monde des crypto-monnaies est basé sur une accumulation de crypto-monnaies, en essayant de les acquérir à un prix bas, c'est une façon de former un projet pour investir dans un certain actif qui peut être accumulé lorsque sa valeur a diminué, ce qui se produit parce que les traders retirent une partie de leur investissement.

Ce genre de position demande de la confiance pour rester sur cet actif, jusqu'à ce que sa valeur s'améliore, il est conseillé de choisir des crypto-monnaies avec lesquelles vous avez déjà eu une expérience, sans négliger que les raisons de la chute d'un actif, est due au mouvement des échanges, mais il faut faire attention.

Ce type d'investissement peut devenir rentable, car la performance de la crypto-monnaie que vous avez à l'esprit pour appliquer cette stratégie est étudiée, car toutes n'ont pas un rendement élevé, mais sont un moyen de gagner de l'argent rapidement, donc derrière chaque projet devrait être une enquête approfondie.

2. **Stratégies de percée**

Au moment de négocier des cryptocurrencies, ce type de stratégie peut être exécuté, étant l'un de ceux qui génèrent une marge de profit élevée, tant que les actions correctes sont appliquées, cette option est réalisée dans différents marchés, car elle est développée après les cryptocurrencies qui sont dans les étapes initiales au milieu d'une tendance.

Le breakout est géré par un concept qui est compréhensible par les débutants, ainsi que par les experts, où le trader continue à chercher des points d'entrée, ceux-ci sont connus comme ceux où le prix est sur le point d'entrer dans des mouvements de rupture, soit sur des zones de support et de résistance allant dans une autre direction.

Dans le monde des crypto-monnaies, une attente ou une expectative du prix est générée, afin qu'il puisse casser la hausse avec une résistance importante, de cette façon une position d'achat peut être ouverte à la chute d'un certain support connu comme base, c'est ce qui provoque qu'une position de vente peut être ouverte.

Le pari dans cette stratégie, se concentre sur le breakout, comme une prééminence de la résistance, jusqu'à ce que l'on s'attende à ce que le prix puisse descendre vers la résistance, ce qui fait qu'elle devient un support, pour la prochaine attente de rebond haussier, en cherchant à ce que le prix soit proche de la zone de support, de sorte que la volatilité augmente.

La situation ci-dessus signifie seulement que les prix vont rester dans une direction de rupture, pour chaque sommet de rupture, la volatilité future est prise en compte, ce qui augmente la prise en compte des prix, avec comme formations de prix des doubles-hauts, triples-hauts, épaules-tête-épaules, drapeaux et triangles.

3. Stratégies de suivi des tendances

Un principe de base qui est à l'origine de ce type de stratégie est de prendre en compte que tous les marchés ont une tendance à la hausse et à la baisse pendant 30% du temps, la même chose se produit dans le monde des crypto-monnaies, donc appliquer une stratégie de suivi de tendance est efficace, et avec un résultat rentable.

Tant qu'un trader peut entrer et s'engager dans une tendance à long terme, des résultats positifs sont produits. Certaines tendances du marché peuvent conserver leur effet pendant des jours, des semaines, des mois et des années, ce type de trading peut donc représenter un niveau d'échelle significatif.

Ce type de stratégie est développé à travers l'étude des tendances, car elles peuvent être classées, jusqu'à ce que le prix soit en baisse, pour vous permettre d'entrer pour investir, surtout en profitant ou en tirant profit des prix d'opportunité d'achat et de vente, car ils sont proches des hauts et des bas du marché.

Bien qu'il faille faire attention aux niveaux dangereux, car il y a un risque énorme de retournements soudains, mais en général cette pratique est très avantageuse, pour développer ces idées, il y a beaucoup de systèmes de trading, en particulier pour le trading Forex, et avoir une marge de succès essentielle.

Mais lorsqu'on applique des systèmes de trading en crypto-monnaies, il faut tenir compte de leur qualité volatile, sans négliger les oscillations, ainsi il peut être tard pour trouver le bon moment pour entrer sur le marché, ces mouvements sont forts, et peuvent démontrer une fausse illusion de la tendance.

Les faux signaux sont des aspects à combattre dans le cadre de cette stratégie, cela se produit en raison du mouvement du marché avec la gamme de prix, à ce stade, le facteur mental entre en jeu, parce qu'il est vita tolérer certaines opérations perdantes, jusqu'à ce que vous pouvez gérer l'opération prévue qui poursuit une tendance forte.

4. **Stratégie d'achats périodiques par sommes fixes**

Cette stratégie ne nécessite pas autant de recherches, et ne prend pas beaucoup de temps à réaliser, elle consiste à acheter une certaine quantité d'une crypto-monnaie, différents intervalles sont utilisés, elle va de pair avec la hausse ou la baisse du prix, ces intervalles sont généralement fixés en fonction des mois.

Ce type de prix d'achat sélectionné peut faire l'objet d'une moyenne et constitue un point de prix qui est soit très élevé, soit très bas, et devrait donner lieu à un résultat bénéficiaire comme si une somme forfaitaire avait été achetée dans le même intervalle de temps, ce qui est un scénario très logique.

L'exemple pratique pour le comprendre, est d'investir 1000$ en bitcoin, mais au lieu de le faire en une seule fois dans la même opération, vous faites une dépense de 200$ le premier jour de chaque mois, de cette façon vous pouvez participer à l'achat pendant 5 mois, soit une dépense totale de 1000$, mais l'achat du bitcoin est moyenné après ces 5 prix.

Cela aide l'investisseur à acheter la crypto-monnaie à un prix plus bas, pour avoir profité des mois où son prix a diminué, cela a à voir avec une analyse de l'évolution du prix d'achat auquel il a eu accès, ainsi une analyse technique peut être mise en place, pour s'assurer que la moyenne a été bien faite.

Pour décider d'une crypto-monnaie, il est important d'examiner l'historique des prix au cours des 3 ou 6 mois précédents, cela permet d'être sûr que la crypto-monnaie a des options de récupération, pour cela il est vital de choisir des actifs ayant une longue période d'existence comme BTC, LTC, NEO, OMG, entre autres.

Dans le cadre de cette stratégie, il faut éviter de sélectionner des devises qui sont en chute libre, et encore moins qu'il n'y a pas d'historique de reprise, car il ne serait plus rentable d'opter pour cette alternative, car elle ne dispose pas d'une fourchette de prix permettant de dépasser les sommets précédents.

5. Stratégie de portefeuille équilibrée

Lorsque l'on cherche à faire un investissement équilibré, il est intéressant de considérer cette stratégie, qui est mise en œuvre par l'achat de différentes crypto-monnaies, afin d'avoir un portefeuille beaucoup plus équilibré, c'est-à-dire que l'on peut penser à investir dans plus de 3 types de crypto-monnaies.

Si vous disposez d'un budget de 1 000 $, par exemple, vous pouvez allouer 2 000 $ à chaque crypto-monnaie, de sorte que ce type d'investissement soit équitable, en répartissant également le type de risque que vous courez avec ces actions financières, ce qui prouve la rentabilité de chacune d'entre elles et élimine tout type de doute.

De cette façon, il aide à déterminer quelle classe de crypto-monnaies a la plus grande probabilité de succès, ainsi, dans le prochain investissement, vous pouvez parier sur seulement deux options en testant leurs mouvements, en utilisant comme base de décision le type de profit qu'ils ont généré.

Bien que les problèmes habituels de cette stratégie sont que s'il y a un profit de 10% dans une crypto-monnaie, il est réduit par les pertes obtenues sur les autres options, mais cela peut aussi changer en faveur, en comptant sur plus que des résultats positifs, c'est une distribution des risques.

Le meilleur conseil pour tirer le meilleur parti de cette stratégie est d'investir dans des crypto-monnaies qui sont ancrées dans différentes utilités, qu'il s'agisse d'une pièce dédiée au capital, d'autres à la sécurité, etc.

6. Stratégie de portefeuille déséquilibré

Ce type d'investissement est dû à la sélection d'une série de cryptocurrences sur lesquelles vous voulez investir, puis ayant cette idée claire, vous procédez à l'attribution d'un pourcentage d'investissement différent pour chacune d'entre elles, la différence entre l'une et l'autre a à voir avec la valeur donnée par l'investisseur.

Pour les cryptocurrences qui ont un rendement élevé, un pourcentage plus élevé d'investissement est dédié, pour cela il faut penser à celle qui montre la plus grande rentabilité, méritant ainsi d'investir un peu plus, provoquant l'exposition du portefeuille avec un déséquilibre, en suivant l'instinct et les recherches effectuées.

Les pourcentages sont déterminés, et utilisés sur chaque achat de crypto-monnaies, à moins que les résultats indiquent une variation de pourcentage, cette stratégie est idéale pour ceux qui aiment faire des recherches sur tous les aspects des crypto-monnaies, il est important que chaque pourcentage soit justifié par une raison donnée par la recherche.

Comment négocier des investissements en crypto-monnaies

L'investissement en crypto-monnaies se développe sur un grand nombre de plateformes, il est important de sélectionner un site de confiance et reconnu, les plus demandés actuellement sont Coinbase et Binance, dans tout site choisi, il faut développer les étapes suivantes :

1. **Choisir un porte-monnaie :** Pensez à un type de porte-monnaie adapté à vos besoins. Les porte-monnaie les mieux notés sont Trezor, Ledger et Nano S.

2. **Entrez la plateforme d'échange :** **Une fois que la** plateforme à utiliser comme Exchange a été sélectionnée, il est temps d'effectuer l'opération.
3. **Sélectionnez la crypto :** La crypto que vous souhaitez acheter, vous devez la localiser sur la plateforme pour la suivre.
4. **Vérifier avant :** Il est important qu'avant chaque transaction vous puissiez vérifier chaque aspect, il est vital de confirmer la quantité, et de maintenir à jour les annonces d'achat.
5. **Effectuez le paiement :** Une fois que tout est correct, effectuez le paiement à partir de votre portefeuille, afin de disposer en quelques minutes du montant sélectionné.

Ce sont les actions simples pour effectuer l'investissement dans le monde de la crypto, bien que vous puissiez compléter ces étapes avec des plateformes qui effectuent des transactions rapidement, et quant au détail de la méthode de paiement, en fonction de celle que vous possédez, vous pouvez choisir une plateforme compatible avec elle.

Les stratégies d'investissement en crypto-monnaies les plus utilisées en 2021.

Tant que vous pouvez apprendre plus de stratégies ou de méthodes pour fonctionner avec les crypto-monnaies, dans ce même sens vous obtiendrez le succès, donc une bonne façon d'apprendre sur ce monde, est de suivre les stratégies qui ont une plus grande application, en plus de prendre en compte les conditions du marché et d'apprendre les indicateurs.

- **Coût moyen en dollars (DCA)**

Comme expliqué ci-dessus, cette stratégie est l'une des plus choisies dans le monde des crypto-monnaies, car elle est basée sur des achats réguliers, ces actions conduisent à générer une accumulation, où l'on cherche à faire un chronomètre des mouvements du marché, jusqu'à attendre le mode approprié.

Ces options doivent suivre de près le niveau de volatilité qui existe sur le marché, de sorte qu'il est possible de mesurer dans le temps combien la gestion d'un tel achat partiel aurait gagné.

- **Analyse fondamentale**

L'analyse fondamentale est appliquée comme une recherche de valeur, cette valeur qui fait partie des entreprises, peut être estimée pour savoir combien vous pouvez parier sur une action, est une estimation qui aide à déterminer si le prix actuel d'une action, est bien en dessous de son potentiel ou au-dessus, fournit une meilleure lecture du marché.

En regardant les chiffres financiers d'une entreprise, que ce soit les ventes, la marge bénéficiaire ou autres, vous pouvez prendre une décision appropriée, car vous étudiez le type de marché disponible, la concurrence à laquelle l'entreprise est confrontée, ceci est similaire au suivi des crypto-monnaies, donc derrière elles se trouvent des entreprises.

La structure financière d'une crypto-monnaie doit être considérée, c'est pourquoi lorsqu'il s'agit de pratiquer cette analyse sur une crypto-monnaie, un grand niveau de documentation est requis, car cela permet de savoir de quel type d'actif il s'agit, et surtout s'il y a une demande derrière.

Idéalement, plus il y a de transparence sur la crypto-monnaie, plus les décisions peuvent être prises, bien que cette étude soit devenue plus approfondie, prenant même en compte la structure du réseau et le type de récompenses pour y participer, mais les bases sont de suivre le prix actuel, l'offre en circulation et la capitalisation.

Le prix actuel est un élément simple à prendre en compte, car il s'agit de la valeur par laquelle il est échangé, celle-ci change en fonction du type d'échange, le mieux est de consulter au préalable un site globalisé tel que coinmarketcap.com, afin d'obtenir une grande moyenne sur les plateformes d'échange.

L'offre en circulation, c'est la quantité de crypto-monnaies qui sont en pleine négociation, d'autre part, cela représente aussi l'offre totale qui est disponible sur une crypto-monnaie, mais surtout c'est la quantité qui circule sur le marché, c'est une distinction à prendre en compte car elle prête à confusion.

La capitalisation boursière est une partie du prix actuel qui est multiplié par l'offre totale, cet élément est toujours observé, parce que l'essentiel est d'obtenir des pièces qui peuvent être bon marché, c'est un espace de croissance à considérer, mais peut-être alors il n'y a pas autant d'upside que vous attendez, pour cette raison il est nécessaire d'observer chaque détail.

- **Leadership RSI**

Il est basé sur l'indice de force relative (RSI), un indicateur qui ne peut pas être négligé, parce qu'il a un support de la dynamique ou du mouvement d'achat et de vente sur le marché, ce qui exige qu'il y ait une analyse de l'action la plus récente qui a à voir avec le prix, et le prix est normalisé avec une échelle de 0 à 100.

Parfois, lorsque la valeur est faible, c'est-à-dire inférieure à 30, elle est comprise comme un marché survendu, et lorsqu'elle est élevée, c'est-à-dire supérieure à 70, elle est classée comme surachetée, ces mesures indiquent un changement de prix, il est donc important de prendre en compte le rôle du RSI, car il peut se situer à un extrême ou à l'autre.

- **Commerce de rupture**

Une stratégie populaire mentionnée ci-dessus est le breakout trading, où les idées de support, de résistance et de canal sont considérées sous une fonction spéciale, celles-ci dépendent en même temps d'autres métriques, celles-ci agissent sur l'action du prix, ce qui aide à comprendre si ce qui suit est une mesure de stagnation ou de changement.

Le support est utilisé comme un concept qui se rapporte à la zone en dessous du prix actuel, ainsi que la résistance, qui est considérée comme un terme lorsqu'elle est au-dessus du prix, cette ligne est générée par l'action de différents éléments tels que l'action historique du prix, les niveaux psychologiques, les lignes de tendance et bien plus encore.

- **Négocier avec un effet de levier**

Le trading avec effet de levier est l'une des mesures les plus réussies, bien qu'il s'agisse de l'une des actions qui comporte le plus haut niveau de risque, c'est un type de trading qui se développe avec de grandes positions, il est donc destiné aux utilisateurs qui ont des ressources ou du capital pour réaliser cette mesure.

Il s'agit d'une forme d'activité générée par l'effet de levier, car elle est basée sur une mesure d'emprunt, ce qui signifie que si vous voulez acheter 800 dollars en bitcoin parce que vous avez l'idée qu'il va augmenter, mais que vous ne possédez que 200 dollars, le reste peut être demandé à la Bourse, pour placer le reste et les 200 seront une garantie.

A la fin de l'opération, les dollars obtenus sous forme de prêt doivent être rendus, mais le bénéfice est conservé, c'est une façon de multiplier les profits, mais cela augmente aussi les risques dans une autre direction, car l'argent peut être perdu très rapidement, donc les Bourses demandent une réserve comme garantie.

De cette façon, on postule ces stratégies, qui ont une grande utilité actuellement, car ce sont les méthodes qui donnent des résultats, et qui sont aussi présentées comme les plus rentables selon les utilisateurs.

Comment l'effet de levier est utilisé sur l'investissement

L'effet de levier est une relation directe entre le capital personnel et le crédit, c'est-à-dire imposé sur ce qui est investi dans une transaction, où l'investisseur n'a à faire qu'au concept de garantie, pour avoir accès à ce montant de fonds, qui permet de faire partie de positions plus importantes.

Le trading sous cette modalité, génère une grande ouverture vers de grands volumes, au moyen d'une faible exigence, devant des objectifs élevés, il est impossible que vous comptiez avec des bénéfices sans opter pour cette mesure, surtout quand vous ne comptez pas avec un capital pour faire face aux opérations.

L'effet de levier peut être considéré comme une grande opportunité, mais il peut devenir une arme à double tranchant, car le risque augmente lors de l'utilisation de ce type de moyen au moment de penser à faire partie du monde des crypto-monnaies sous de grandes quantités, tout dépend du type de succès que vous avez.

Pour l'utiliser, vous devez avoir une grande conscience, mais le meilleur indicateur pour prendre des décisions est de mettre en œuvre une gestion des risques, soutenant ainsi les mouvements contre, donc l'approche doit être concentrée sur une vue réaliste, les courtiers fixent une limite de levier, selon l'instrument d'investissement.

La façon intelligente d'utiliser l'effet de levier sur les transactions est de connaître le nombre de courtiers qui ouvrent la voie à un montant estimable pour vos objectifs, où le courtier XTB, le courtier Plus 500, le courtier ActivTrades, et bien d'autres se distinguent par un niveau d'attractivité à considérer.

Étapes du trading de crypto-monnaies

Avant de commencer à trader les crypto-monnaies pour générer des revenus, il est préférable d'appliquer un ordre logique afin que vous puissiez atteindre le succès financier, suivre les concepts est la clé à l'échelle d'un débutant, pour gagner en confiance à chaque étape que vous franchissez :

1. Choisir une plateforme

En pensant à une plateforme, il faut s'assurer qu'elle dispose d'une réglementation légale, car cela fonctionne comme une protection pour opérer plus confortablement, il est vital d'utiliser celles qui sont autorisées afin que votre argent soit en sécurité.

2. Fixe la limite de risque

La gestion du risque et la tolérance est une limite qui permet de ne pas perdre les objectifs fixés, et encore moins de perdre autant d'argent, donc si vous préférez avoir un effet de levier ou une autre préférence qui génère de la sécurité, il est essentiel d'avoir une lecture de la réaction.

3. Détermine le capital d'investissement

Chaque aspect des finances mérite d'être organisé, de sorte que les investissements puissent avoir un but et un soin optimal, en cherchant à atteindre le solde le plus positif possible, bien que lorsque vous avez un capital élevé, la plus grande possibilité de former une meilleure stratégie.

4. Constituer un portefeuille

Cela a un rapport direct avec le capital, car lorsque les chiffres fonctionnent comme un grand soutien, vos aspirations à doubler le revenu, deviennent des actions plus polyvalentes, de sorte que vous pouvez avoir un portefeuille, où chacun des investissements à faire sont tracés.

5. Imposition de plafonds de pertes et profits

Le hasard n'est pas un grand allié dans le trading des crypto-monnaies, il est donc essentiel d'imposer des plafonds qui pourront servir de guide pour maîtriser les pertes et partir à la recherche de profits.

6. Appliquer tous les outils d'apprentissage

Apprendre sur les crypto-monnaies ne s'arrête pas, surtout quand il s'agit de l'analyse technique des prix, chaque nouvelle tendance est un moyen de créer une stratégie efficace qui sont cohérents.

7. Haut ou bas

Il est essentiel d'avoir une posture d'attente, si vous serez haussier comme une attente qu'une crypto-monnaie va augmenter ou sous des transactions courtes, cela aide à savoir si vous êtes le trading à long ou à court terme.

8. Attention à l'actualité

Dans le monde des crypto-monnaies, l'aspect social et financier influence, c'est un avantage de se concentrer sur ces opérateurs, c'est une apparence de la situation actuelle que vit le marché.

Les astuces pour faire partie du commerce

La compilation des astuces pour le commerce, le travail comme un guide lui-même, bien qu'il n'y ait pas de moyen miraculeux, ces estimations sont très utiles, car ils sont des points clés que de nombreux commerçants sont imposés comme une règle, et empêche les erreurs communes peuvent être faites, donc les connaître, augmenter votre capacité en tant qu'investisseur.

Ces astuces peuvent être suivies sur le trading, ainsi que sur tout autre type d'instrument financier, qu'il s'agisse du marché des devises, des actions, du forex, des matières premières et bien plus encore, elles peuvent être orientées vers les aspects dont vous avez le plus besoin pour générer des revenus, sans oublier que l'attitude est un élément clé.

- Le trading de crypto-monnaies implique de prendre chaque processus au sérieux, car il s'agit d'une entreprise en soi, qui ne doit donc pas être une relation.
- Les émotions sont mises de côté lorsqu'il s'agit de prendre des décisions liées aux crypto-monnaies, car la cu-

pidité et la peur sont toutes deux mauvaises conseillères, et le succès dépend de la maîtrise de certains aspects psychologiques.

- Investir dans les crypto-monnaies est un processus qui demande de la patience, vous ne pouvez pas penser devenir millionnaire en une seule opération, ni même à une date précise.
- Les attentes en matière de trading doivent être extrêmement réalistes, sinon vous ne progresserez pas.
- Le pessimisme n'est pas non plus une aide pour le trading, le succès est possible avec la pratique, l'analyse, et ne jamais cesser d'apprendre, car les crypto-monnaies possèdent une tendance très étonnante de mise à l'échelle et d'innovation, il n'y a aucune raison d'abandonner cette formation de revenu sans luttes.
- La lecture est une ressource essentielle lors de l'apprentissage du trading, surtout pour comprendre un grand nombre de stratégies qui sont imposées au trading, lorsque vous ne lisez pas assez, vous vous contentez de suivre une stratégie sans sens, et il est difficile de choisir entre toutes ces stratégies.
- Au début, il est préférable d'essayer des stratégies simples, afin de pouvoir les adapter aux objectifs de votre

plan de trading, la simplicité étant la clé pour générer des revenus.
- Lorsque vous vous entraînez, vous pouvez penser directement à la pratique ou à l'entraînement sur des comptes de démonstration pour gagner en confiance.
- La rentabilité du trading ne compte pas sur les seconds choix, la base persiste sur la discipline, le travail et la patience.
- L'opération dans le cadre du trading doit se faire avec de l'argent qui peut être perdu, c'est-à-dire qu'elle ne doit pas être une solution en soi aux problèmes économiques personnels que vous avez, mais une source alternative de revenus.

La psychologie du trading

Le succès du trading, comme l'une des formes d'investissement en crypto-monnaies, dépend de certains facteurs clés, tout d'abord c'est l'investisseur lui-même, qui doit effectuer chaque action basée sur la connaissance et l'expérience, ceci est obtenu par une pratique constante et un dévouement pour comprendre chaque détail.

Mais tout cela est traité directement par l'esprit de l'investisseur, puisque cela a un impact direct sur l'attitude, en cherchant à ce que les émotions soient complètement contrôlées, afin de ne pas perdre de vue le bon chemin en tant qu'investisseur, le succès dans cette activité n'est pas éloigné d'un autre aspect de votre vie quotidienne.

Comme pour la pratique d'un sport, de la même manière, il est nécessaire d'effectuer une grande préparation, tant sur le plan psychologique que sur le plan des connaissances, de cette façon vous pourrez tirer le meilleur parti des opportunités, et surmonter les obstacles, pour cette raison la psychologie du trading est vitale pour qu'un débutant développe son propre stratège.

1. Peur

La peur n'est pas un bon compagnon pour assumer les risques d'un investissement, d'une opération, ce genre de sentiment peut être divisé en deux parties, une opportunité peut apparaître, et à cause de la peur vous laissez passer cette alternative, c'est une façon de perdre l'audace.

Une autre situation est que vous avez une transaction ouverte, et que la peur fait qu'elle se ferme bien avant d'atteindre le point optimal. Le fait d'être victime de la peur vous empêche de vous ouvrir aux événements positifs du trading, qui ne sont accessibles que lorsque vous vous autorisez à perdre de l'argent.

2. **Cupidité**

Une émotion très habituelle dans l'aspect investissement est la cupidité, puisque tout utilisateur cherche à gagner de plus en plus d'argent, mais cela génère à un moment donné une ouverture excessive des affaires, ce qui est une grande attraction de risques qui deviennent inutiles et même illogiques.

Sur un marché, vous ne pouvez pas perdre le contrôle, car cela entraîne des opérations imposées sans mesure entre les deux, car il n'y a pas de patience pour évaluer le type d'opportunités qui se présentent, il est donc essentiel de rester calme, au lieu de simplement doubler et tripler l'argent disponible.

Les clés pour écarter ces deux ennemis sont les attitudes suivantes développées par les investisseurs les plus performants du monde :

- **Faire face aux opérations perdantes**

Les coups d'éclat sont redoutés dans le monde de l'investissement, quand c'est un mauvais moment, on pense à trouver un point ou un élément coupable, au point de changer brusquement de stratégie, puisqu'on pense que les pertes ont été générées à cause d'un système mal fait.

Le changement de stratégie n'est pas une solution en soi, surtout parce que perdre fait partie du trading, le pourcentage de perte est typique même des traders les plus expérimentés, une solution à ce scénario est de maintenir un degré de tolérance à l'erreur, pour éviter que la peur ne prenne le dessus sur votre performance.

- **Sensibilité aux opérations gagnantes**

Quelques opérations positives sont une motivation juste, mais il faut éviter qu'elles soient un mauvais exemple à suivre, c'est-à-dire qu'elles provoquent un aveuglement estimable, car devant le trading personne n'est infaillible, personne n'est à l'abri des pertes, au-delà du fait que personne n'aime perdre, c'est un fait avec lequel il faut vivre.

Faire partie du trading, c'est faire face à un risque constant, donc l'idée à accepter est qu'il est facile de perdre de l'argent, pour cette raison l'excès de confiance est un moyen facile pour que des résultats négatifs apparaissent, parce que vous prenez plus de risques, en plus d'omettre d'accepter vos erreurs.

- **Pensée positive**

L'exploitation d'une vision positive est essentielle, car cela signifie qu'il ya un niveau élevé de croyance dans la stratégie, ce qui entraîne que les opérations réussies peuvent apparaître, sinon avec des pensées négatives ne sont qu'un appel direct pour les erreurs, en accordant plus d'attention à la peur.

Le langage intérieur positif remplit une orientation beaucoup plus efficace, car il s'agit d'une confiance en soi plus consciente, pour évaluer les faits du trading d'un point de vue constructif, la meilleure recette pour ne pas échouer est de s'en tenir aux idées qui peuvent soutenir chaque étape.

- **Réalisme total**

La conscience de ce que vos actions sont capables de faire, et de ce qu'elles ne sont pas, est vitale pour avoir cette capacité à réagir aux événements du marché, car on part du principe que le marché est une grande infinité d'actes et de sujets qui ne peuvent être limités à un seul contrôle, de sorte qu'une transaction peut avoir la même possibilité de gagner que de perdre.

Ce que vous pouvez vraiment contrôler, c'est l'investisseur lui-même, la façon dont vous agissez personnellement est ce qui détermine la tendance du type de résultats que vous pouvez obtenir, donc ce à quoi vous devez faire attention, c'est la façon dont vous recherchez une opportunité d'investissement, et la base sur laquelle vous prenez certaines décisions.

- **Maîtrise des émotions**

Les émotions telles que la peur et l'avidité sont habituelles dans le cadre de l'investissement, mais leur contrôle ou leur restriction est ce qui marque un avant et un après. Avec l'expérience, ces émotions sont progressivement laissées de côté, le système de trading personnel devant s'améliorer avec chaque résultat, c'est la mission de base.

La solution pour atteindre cette escalade, est d'exploiter au maximum un compte démo, car il aide à créer une note personnelle pour avoir ou assumer une position claire, avec ces tests vous pouvez optimiser vos réactions, ainsi vous avez une meilleure lecture sur le monde de l'investissement.

Comment négocier des crypto-monnaies, étape par étape

Comprendre étape par étape l'application du trading de crypto-monnaies est un flux continu pour développer des opérations efficaces dans le cadre de cette méthodologie :

- **Analyse fondamentale, après la crypto-monnaie de votre choix.**

Le commerce des crypto-monnaies dans différentes plateformes est sans fin, pour cette raison, il peut être compliqué de choisir l'opportunité d'investissement que vous avez, il est préférable d'opter pour celui qui a la plus grande capitalisation du marché, en plus du niveau de consolidation qui se développe, ou aussi certains de faible capitalisation sont une grande alternative.

Face à ce scénario plein de doutes, il est essentiel de réaliser une analyse fondamentale, où les caractéristiques techniques, les concurrents et bien plus encore sont analysés, à cela s'ajoute l'étude du classement des crypto-monnaies, pour suivre l'un des chemins les plus populaires, la pensée à suivre est un potentiel pour l'avenir, ainsi que la situation actuelle.

- **Analyse technique des prix**

Lorsqu'une crypto-monnaie peut susciter votre intérêt, la prochaine chose à faire est de mesurer la situation actuelle, sans oublier de prendre en compte les schémas psychologiques, de l'aligner avec les indicateurs mathématiques, pour avoir une idée de la direction du cours, il peut s'agir d'une tendance haussière avec une position longue.

Si d'un autre côté, il doit y avoir une tendance baissière avec des positions courtes, jusqu'à l'atteinte de la zone de no-trade, où les études ne sont pas concluantes, chaque position doit garder le sens de l'étude.

- **Situation du marché**

L'opinion des autres traders sur une crypto-monnaie est utile pour choisir une voie, donc chaque nouvelle a une grande utilité et un impact sur le prix, vous pouvez donc analyser ces mouvements jusqu'à ce que vous obteniez un avantage.

- **Outils supplémentaires**

Après avoir décidé de la voie ou de l'itinéraire d'investissement, ainsi que du choix de suivre une tendance à la hausse ou à la baisse, il s'agit ensuite de traiter d'autres alternatives, où intervient le stop loss, où l'on fixe le pourcentage qui ne permet pas aux pertes d'augmenter à partir de ce chiffre, et le stop profit fait référence à la valeur de l'actif sur lequel l'opération est clôturée.

D'autre part, l'effet de levier peut être appliqué pour augmenter l'exposition et le risque, jusqu'à l'intervention du stop loss dynamique, pour être attentif lorsqu'un actif évolue en sa faveur.

- **Position ouverte**

Penser à chaque détail, permet d'ouvrir des positions pour trader les crypto-monnaies, qu'elles soient courtes ou longues, c'est une exécution pour faire partie du marché, en mettant en pratique les stratégies de préférence sur l'investisseur.

Types d'opérations

Au-delà de l'établissement d'une stratégie de trading, il y a une réflexion approfondie sur les types de trading qui peuvent être développés ou réalisés dans une planification globale, l'essentiel étant que vous puissiez tirer le meilleur parti de ces modalités :

- **Négociation intrajournalière**

Le trading intrajournalier repose sur l'ouverture et la fermeture de transactions en une journée, en cherchant à générer des revenus rapidement, en suivant les mouvements de prix intrajournaliers, puisque les positions ne sont pas maintenues ouvertes après la fermeture des marchés, ce qui permet d'éviter les risques en ne les conservant pas toute la nuit.

- **Scalping**

Le scalping est basé sur une modalité de trading intraday appelée haute fréquence, sous ce développement on recherche des petits profits, à travers un grand nombre d'opérations, ce sont des positions ouvertes sous une ligne de tendance qui entrent et sortent du marché, ces opérations sont à très court terme.

- **Commerce de tendance**

Ce type de trading est très similaire au scalping, car il est effectué sous une position où une ligne de tendance est suivie, où l'objectif du trader de tendance est d'augmenter les profits, mais il est laissé ouvert la plupart du temps, en attendant un mouvement de prix opportun.

- **Swing trading**

Il est entièrement dédié aux oscillations de prix, il est réalisé pendant une tendance, afin que vous puissiez profiter pleinement du côté volatile qui fait partie du marché, avec des mouvements dans les deux sens car ce sont des marchés en constante évolution, cela entraîne plus de possibilités de profit.

- **Négociation de positions**

Ce type de trading, qui exige d'être en position pendant une période de temps supérieure à un jour, peut être un moyen de trader pendant des semaines, des mois, voire des années, ce qui implique que moins d'opérations sont effectuées contrairement aux autres, il est donc idéal pour ceux qui cherchent un investissement à long terme.

- **Commerce automatisé**

Le trading automatisé correspond à l'utilisation d'un programme à travers lequel les ordres de trading peuvent être proposés, pour être développés automatiquement, ce type de système a une conception simple, ainsi que complexe, l'important est qu'ils peuvent être personnalisés pour répondre aux objectifs imposés.

Ce que vous devez savoir sur les échanges

La première chose à clarifier quand il s'agit d'Exchanges est d'exposer son concept, il s'agit d'une plateforme en ligne qui permet d'échanger, c'est-à-dire d'acheter et de vendre des crypto-monnaies, dans cette dynamique se trouve également le nom ou la fonction d'une maison d'échange " broker ", qui est comme un magasin en ligne dédié à la revente de crypto.

Ces services en ligne peuvent soulever la question du type de commissions qui sont imposées, puisque chaque maison de change agit elle-même comme un intermédiaire, pour cette raison il y a des coûts à prendre en compte, tels que les suivants :

- **Frais appliqués au mode de paiement**

La plupart des bourses n'imposent pas de commissions de ce type, mais lorsque l'émetteur effectue un paiement, pour acheter un certain type de crypto-monnaie, soit par le biais d'un dépôt, soit par tout autre moyen, une commission est généralement ajoutée, ou comme cela peut également être un coût pour le change de devises, comme cela est habituel avec l'achat de Bitcoin avec des euros.

- **Frais de transaction**

Il s'agit essentiellement du spread, ainsi que des commissions engendrées par chaque transaction, ce type de calcul est généré par le volume négocié, qui peut être fixe ou variable, le tout dépendant des prix du marché.

- **Frais de retrait de solde**

Lorsque l'on dépose de l'argent sur le compte, ainsi que l'achat de n'importe quelle crypto-monnaie, une commission apparaît, il en va de même pour le retrait du solde, généralement deux types de commissions sont fixées, la première dépend de la méthode de paiement, et la seconde est basée sur le taux de change de la monnaie.

Les méthodes de paiement habituelles qui peuvent être incorporées dans le fonctionnement de la Bourse, est de plus en plus large, parmi lesquels est la carte de crédit ou de débit, étant l'une des alternatives les plus coûteuses, car ils imposent des commissions de jusqu'à 3%, d'autre part est Paypal comme une autre option coûteuse, atteint jusqu'à 4% de commission.

À ces méthodes s'ajoutent les transferts bancaires, qui sont l'un des moyens les plus utilisés, et les commissions sont estimées jusqu'à 1%, même les dépôts en crypto-monnaies apparaissent, bien qu'il ne soit pas très utile de commencer l'investissement à partir de zéro, mais lorsque vous possédez certaines monnaies et que vous voulez les échanger contre d'autres, alors c'est faisable.

Comment choisir la meilleure casa da cambio pour l'investissement

Les doutes augmentent lorsqu'il s'agit de choisir une maison de change avec une marge de progression, mais il est facile d'être aveuglé par les publicités modernes, une solution pour cela est d'appliquer les critères suivants pour choisir une option appropriée :

1. Disponibilité des crypto-monnaies

Une décision peut être prise en fonction du nombre de crypto-monnaies disponibles, à cet égard, toutes les maisons de change ne se conforment pas, mais elles s'abstiennent à un nombre beaucoup plus limité d'options, donc plus le nombre est grand, plus la probabilité de trouver la crypto-monnaie qui a un grand potentiel de rentabilité est grande.

2. Commissions et modes de paiement

Les coûts varient d'une maison de change à l'autre, chacune impose une politique différente, donc avant d'en choisir une, c'est une obligation de mesurer tous les coûts impliqués, surtout en fonction de la méthode de paiement que vous utilisez, ainsi que les frais qu'ils ont pour l'utilisation des spreads et la disposition du solde.

A ces estimations, la manière de payer vos pièces est intégrée, puisqu'il est obligatoire que la Bourse vous permette d'utiliser la méthode de paiement dont vous disposez, il est donc essentiel de chercher un espace qui vous permette d'opérer sans aucune limitation.

3. La décision du portefeuille

Plusieurs maisons de change offrent le service ou la modalité de portefeuille, ce qui signifie que vous pouvez avoir l'acquisition de crypto-monnaies dans le même endroit du portefeuille numérique, en sauvant toute action d'enregistrement dans un échange supplémentaire.

4. Sécurité

Toute maison d'échange doit être mesurée sous le facteur de sécurité, cela implique qu'elle peut offrir des liquidités, aussi qu'elle peut porter ou avoir une valeur élevée en crypto-monnaies de centaines de millions, cela prouve le niveau de fiabilité, et à cela s'ajoute qu'ils ont des fonds de dépôt hors ligne, qui ont une protection contre les attaques.

5. Limites de dépôt ou de retrait

De même que vous choisissez une banque en fonction du type de montant qu'elle vous permet de transférer, il en va de même pour la maison de change, le mieux étant qu'elle soit en fonction de vos possibilités économiques, c'est-à-dire qu'elle ne soit ni trop basse, ni trop haute par rapport à vos besoins.

Les meilleurs marchés boursiers pour acheter et investir dans les cryptocurrences

Une fois que vous connaissez les aspects fondamentaux qui influencent le choix d'un Exchange, la prochaine chose à prendre en compte est la popularité, ainsi que le grand nombre d'utilisateurs qu'il possède, chaque paramètre mentionné ci-dessus est considéré pour découvrir les meilleurs Exchanges.

- **Bitpanda**

C'est une plateforme avec une grande popularité, vous permet d'acheter des crypto-monnaies, ainsi que des métaux précieux de manière simple, vous pouvez investir aussi peu qu'un euro initialement, et trouver plus de 30 actifs disponibles, quant au service client, ils ont un mode actif 24 heures sur 24, 7 jours sur 7.

Il a un mode de fonctionnement attaché aux portefeuilles sécurisés, ainsi que ceux qui sont hors ligne, n'impose aucun risque, et respecte les réglementations imposées dans ce domaine, il suffit de créer le compte, le vérifier, et faire un dépôt de 25 euros pour penser à investir avec un grand portefeuille personnel d'actifs.

- **Binance**

Il est l'un des échanges qui a portefeuille inclus dans ses services, est devenu l'un des plus utilisés en Chine, et est l'un des plus grands dans le monde, a le commerce de plus de 100 cryptocurrences, sa popularité est basée sur l'offre de sécurité, la liquidité, et aussi le service à la clientèle, est disponible dans plusieurs langues en plus.

Au milieu du développement de cette bourse, elle a sa propre crypto-monnaie, sans oublier qu'elle propose des concours, du matériel d'apprentissage pour les débutants et bien d'autres choses encore, c'est un moyen d'échanger ouvertement.

- **Coinbase**

Celle-ci est considérée comme l'une des plus grandes maisons de change du monde, elle opère dans plus de 100 pays, depuis 2012 elle développe des services de ce type, et 97% de ses fonds sont sous stockage sécurisé, avec différentes modalités d'accès pour faciliter la vie de tout type d'utilisateur.

Il est important qu'avant toute opération vous consultiez le type de commission impliqué, en plus de trouver le mode de paiement compatible avec vos aspirations, devenant ainsi un choix sûr pour vos intérêts.

- **Bitfinex**

Il s'agit d'une plateforme d'échange et de trading disponible pour tout projet, elle est également disponible pour l'achat et la vente active de cryptocurrences en espèces, et sur marge pendant le trading, bien qu'elle dispose d'une grande variété d'actifs, ses méthodes de paiement sont limitées aux seuls dépôts de cryptocurrences et au transfert bancaire.

- **Liquide**

Cette maison d'échange japonaise, a un volume très frappant de transactions, pour cette raison, il est positionné comme l'un des meilleurs, permettant d'acheter jusqu'à 69 jetons, en plus de fournir l'accès à une plate-forme de négociation, de sorte que vous pouvez échanger avec des centaines de pièces et est facilement lié au portefeuille.

- **Kriptomat**

C'est l'une des meilleures alternatives pour faire partie de l'investissement en crypto-monnaies, sous le mode de paiement par carte de crédit, ce qui permet de faire facilement partie de ce monde, c'est une plateforme qui ne génère aucune complication, et qui est idéale pour les utilisateurs novices, car chaque option est bien expliquée.

- **Bitstamp**

Elle est considérée comme l'une des plus grandes bourses d'Europe, son fonctionnement est donc important à l'échelle du continent, et elle a été récompensée comme l'une des quatre bourses qui déterminent le prix du bitcoin, faisant place à un niveau de fiabilité plus élevé.

Marchés prédictifs à considérer en 2021

Les prévisions de marché sont ancrées dans le type de tendance qui prédomine dans le monde, il peut s'agir du Super Bowl, ainsi que de la finale de la Coupe du monde, de tels impacts sur le monde, créent une prévision large en termes de marchés à considérer.

Mais, il est crucial de savoir ce qu'est un marché prédictif, il est connu comme une forme de commerce de probabilité, tout est estimé sur la base du résultat d'un certain événement, pour arriver à ce niveau, il est vital d'avoir une collection d'informations, car il y a beaucoup de facteurs impliqués dans ces étapes.

Bien qu'en matière de tarification, la participation à un marché prédictif soit logique, ce type de tarification englobe la valeur des actions qui sont sur le marché, chaque prédiction reflète ce que les participants croiront ou estimeront comme résultat final, elle est basée sur un événement de la vie réelle qui implique un choix.

Chaque fois que les crypto-monnaies se développent de manière générale, la technologie blockchain elle-même a des solutions, et contribue à un modèle décentralisé, c'est pourquoi les marchés de prédiction servent de protocoles décentralisés pour changer l'issue des événements dans les algorithmes en remplissant des conditions.

1. **Augur**

C'est un marché de prédiction décentralisé, qui a été initié par le protocole ERC-20 appartenant à Ethereum (ETH), a été développé depuis 2014, représente l'un des marchés de prédiction de base, pour remplir cette mission de démocratisation de la finance, et en 2018 a été publié un communiqué au public.

L'une des principales qualités de ce marché est qu'il est développé comme un modèle entièrement décentralisé, de sorte que tout utilisateur est en mesure de créer ou de générer un marché sur n'importe quel type d'événement lié à la vie réelle, de la même manière met en évidence le commerce des devises qui est développé.

D'autre part, il y a la possibilité d'imposer des frais de négociation et un approvisionnement illimité de jetons, se pose également la mise en place d'un système de résolution communautaire incitatif, car il garantit la résolution précise des événements qui ont été achevés, ce qui a permis de collecter plus de 5 millions de dollars et continue de croître.

2. **Gnosis**

Il a été façonné comme l'un des plus grands marchés de prédiction, et est classé comme l'un des premiers dApps sur le réseau Ethereum, au milieu de ce marché le crowdsourcing est appliqué en cherchant à déterminer l'issue de différentes situations dans la vie, cela provoque une caractéristique d'instauration de marché ouvert.

Tout utilisateur peut créer un marché basé sur la prédiction, il emploie un système à deux jetons, jusqu'à une distribution de jetons sur une grande partie centralisée, il a été classé comme l'une des plus grandes ICOs rapides de l'histoire, il est similaire à Augur, pour cette raison ils sont les plus grands en termes de prédiction.

3. **Stox**

C'est un autre marché de prédiction qui suit le protocole ERC-20 d'Ethereum, il a la même dynamique des autres marchés, en cherchant une performance décentralisée, au milieu de la performance est autorisée la création du marché ouvert, avec l'utilisation du token natif STX, c'est une monnaie utile pour le commerce.

Dans le cas du jeton Bancor, il a une liquidité réservée, à cela est incorporé l'oracle et la résolution des conflits comme l'une des fonctionnalités les plus remarquables, mais il est l'un des marchés les plus controversés et critiqués pour être accusé par le biais de la Securities and Exchange Commission des États-Unis.

4. Delphy

C'est l'un des marchés construits comme une prédiction sociale mobile, il est lié au réseau Ethereum, son action appartient à la prédiction des crypto-monnaies, jusqu'à inclure la prise en compte des événements de la vie réelle, et sa dynamique possède une qualité d'une grande vitesse de transaction.

Delphy a son propre jeton pour le commerce, jusqu'à l'exercice de l'oracle centralisé, pour chaque événement cette mesure est personnalisée, il a une concentration chinoise et asiatique de grande ampleur, dans laquelle une grande capacité à créer l'avenir est développée, dans laquelle tous les utilisateurs participent.

La diversité des crypto-monnaies

L'estimation des crypto-monnaies dépasse le montant de 2000, chaque semaine une création différente est présentée, ce processus est connu comme ICO, parmi les plus populaires sont Bitcoin, Dash, Neo, Tron, Litecoin, Ripple, Monero, entre autres, cela est large et peut être consulté jusqu'à sa base juridique, avec une cotation respective.

Les propositions de crypto-monnaies ne s'arrêtent pas, chaque aspect reste sous innovation, notamment l'émission d'IPO de différentes entreprises, ceci est frappant sous l'utilisation d'ICOs, ceci remplit la fonction de financement de projets d'entreprise, ce qui génère un accès vers la fondation de nouvelles monnaies virtuelles.

Cela vous fait penser à quel type de crypto-monnaies à investir, cela est répondu sous les façons d'investir dans ces dernières, car il y a deux façons de le faire, d'abord par le trading et sur l'autre est le minage des monnaies virtuelles, cela augmente la pertinence de choisir correctement l'actif et comment l'exploiter au maximum.

Ces derniers temps, le type de crypto-monnaies le plus rentable a été mesuré, c'est-à-dire déterminé sous la performance de chacun, pour compter sur ce type de profit, qui peut être visualisé comme suit :

- **Aave :** Il a un rendement cumulé de 6398,22% au cours de la dernière année 2020.
- **Kusama :** Il a un rendement élevé de 5222,37% sur l'année écoulée.
- **Celsius Netowork :** Le rendement est d'environ 3843.88% comme dernier rendement.

- **Protocole de bande** : Il a une rentabilité de 2850,66% du développement de l'année dernière.
- **Theta Token** : Basé sur une accumulation de 2299.39% dans la dernière année.

Chacun de ces secteurs est porté par la technologie, chaque plateforme est utilisée pour effectuer des échanges commerciaux au quotidien, cela génère que chaque monnaie peut être placée à une place privilégiée, cela mérite une attention particulière afin de ne pas négliger l'opportunité d'investir dans le secteur le plus attractif.

Les crypto-monnaies les plus rentables

La rentabilité actuelle d'une crypto-monnaie ne garantit pas qu'elle aura une certaine rentabilité dans le futur, c'est une maxime du comportement du marché, surtout quand l'évolution de ce type de monnaie est si volatile, donc le potentiel de changements est à l'ordre du jour, basé sur les cotations les plus réussies mettent en évidence les monnaies suivantes :

1. Bitcoin

Au-delà des apparitions des crypto-monnaies, le Bitcoin continue d'être l'un des meilleurs investissements en termes de crypto-monnaies, sa naissance a marqué un avant et un après, il y a donc de nombreuses raisons de penser à investir dans le Bitcoin, bien qu'il existe des monnaies avec une plus forte appréciation, le Bitcoin est celui qui a le meilleur avenir.

2. **Ethereum**

C'est la deuxième alternative au Bitcoin, c'est aussi l'une des deux monnaies les mieux capitalisées, sa puissance est axée sur le développement ou la gestion d'applications intelligentes, pour cette raison l'Ethereum et l'Ether ont été reconnus comme les plus rentables en 2020.

3. **Ripple**

Elle est basée sur l'une des monnaies ayant la plus forte capitalisation après les précédentes, sa croissance est également un aspect remarquable, elle a donc un potentiel financier élevé, et ce n'est pas une monnaie nouvelle ou novice, mais elle a 5 ans d'expérience avec une base sur la technologie, et permet jusqu'à 1000 transactions par seconde.

4. **IOTA**

Il correspond à l'un des projets les plus rentables, car il laisse une empreinte profonde dans le secteur des crypto-monnaies, il cherche à ajouter un grand nombre de monnaies virtuelles sur Internet, mais avec la différence qu'il utilise une technologie Tangle, étant une modalité beaucoup plus évolutive et rapide par rapport à la blockchain.

5. NEO

Il est appelé ou classé comme l'Ethereum de la Chine, l'avenir est estimé sur le marché asiatique, c'est un aspect des crypto-monnaies avec beaucoup d'avenir, bien que le gouvernement chinois ait une participation directe sur ce secteur, éclatant avec le côté décentralisé qui est habituel dans ce monde.

Quel investissement choisir dans le monde des crypto-monnaies ?

Le monde des crypto-monnaies présente de nombreuses opportunités à saisir, mais comment se lancer et réussir est l'inconnu, ces chemins sont une décision largement personnelle, mais la plupart du temps les préférés sont le Bitcoin et l'Ether, étant les piliers clés de ce type de finance moderne.

Mais au sein de chaque réseau, les options abondent, dans le cas d'Ethereum, l'alternative des stablecoins peut se présenter, étant une crypto-monnaie qui est créée au moyen de blocs de bitcoin, dans le but de soutenir le prix du marché, et est ancrée aux actifs auxquels elle est liée.

Ethereum est conçu comme un énorme écosystème à l'heure actuelle, il a un grand impact sur la finance décentralisée, atteignant une valeur de 43 trillions, justifiant ainsi le choix de la firme pour ce type de crypto-monnaie, mais le rôle prépondérant d'Ada ne peut être négligé.

Ada cryptocurrency est un actif avec beaucoup de projection, comme est également très frappant Lumen, étant un point intermédiaire pour la conversion de la monnaie, il est intéressant monde avec de grands projets, et chaque avancée postule un mouvement volatile, donc pour surmonter tout niveau d'incertitude est la clé pour s'informer.

Les avantages et les inconvénients d'investir dans les crypto-actifs.

La problématique des monnaies virtuelles n'est pas simple, cela est dû à sa mauvaise compréhension, car il est difficile pour n'importe quel citoyen de faire partie de cette dynamique, et encore moins de la figure de la monnaie fiduciaire, ainsi appelée parce qu'elle n'est soutenue par aucun actif, de comprendre qu'elle est basée sur une série de codes stockés avec une valeur élevée.

Depuis la création du nouveau système de monnaie électronique imposé par Satoshi Nakamoto, l'engouement pour ces méthodes décentralisées n'a fait que croître, peu importe le soutien de la banque centrale, il s'agit d'une idée complètement révolutionnaire, l'attrait pour investir dans ce secteur est élevé.

Les avantages à considérer pour entrer dans cet environnement financier sont les suivants :

1. Considérées comme des monnaies mondiales

Les monnaies virtuelles ne disposent d'aucun type de réglementation, c'est-à-dire que ni l'État, ni la banque, ni aucune autre institution similaire n'intervient, ce qui signifie que leur utilisation ne peut être contrôlée par aucune frontière, mais représente une échelle mondiale, et leur utilisation a été comparée à la dynamique du courrier électronique.

Les crypto-monnaies sont dominées par les utilisateurs, les changements doivent être assumés et transmis par les utilisateurs, au-delà de toute amélioration du logiciel.

2. Ils ont la sécurité

En termes de contrefaçon ou de duplication des crypto-monnaies, l'incidence est plus faible, elle est pratiquement impossible, puisque c'est une technique cryptographique qui empêche ce genre d'événements, c'est-à-dire que chaque utilisateur possède une clé cryptographique différente, ce qui fait que n'importe qui peut effectuer des opérations numériques librement.

3. Un groupe de crypto-monnaies est déflationniste

Dans le cas des crypto-monnaies comme le Bitcoin et le Litecoin, c'est un problème limité qu'ils ont, c'est-à-dire que le Bitcoin atteint jusqu'à 21 millions, tandis que le Litecoin atteint 84 millions, c'est une réduction qui est causée au fil du temps.

4. Il s'agit d'échanges irréversibles

Un avantage du monde des crypto-monnaies est qu'elles sont exécutées par des opérations irréversibles, ce qui signifie qu'aucun tiers ne peut annuler ou modifier la transaction une fois qu'elle est effectuée, ceci est dû au fait qu'elles ne sont pas réglementées par un organisme central, et qu'il n'y a pas d'accès qui interfère dans ce sens.

5. Ce sont des actifs qui ont un caractère immédiat

Les crypto-monnaies répondent à la qualité du commerce électronique, où les paiements sont développés sous un niveau d'immédiateté, aidant à générer une connexion avec les clients ou les utilisateurs internationaux, c'est une méthode de paiement polyvalente qui brise toute barrière, créant un processus d'échange global, sans délais ou intermédiaires ennuyeux.

6. La qualité comme atout transparent

Chaque transaction effectuée avec des monnaies virtuelles, est réalisée par la technologie Blockchain, ce qui fait que les actions sont publiques, ce fichier reste dans une chaîne de blocs, et sa sauvegarde est située dans différents ordinateurs, ce stockage est disponible pour tout utilisateur.

En plus de ces avantages, il existe certains éléments négatifs qu'il ne faut pas négliger, car ce sont les raisons pour lesquelles certains secteurs de la société se détournent de cette option, tout futur investissement devrait prendre en compte les éléments suivants :

1. Possibilité élevée de perte d'argent

Il ne fait aucun doute que l'un des plus grands dangers de ce monde d'investissement, comme de tous les autres, est le risque qu'il comporte, mais cela s'ajoute à toute sorte de négligence qui se produit avec la gestion du portefeuille, puisqu'il dépend de la sauvegarde du mot de passe, et d'éviter les hacks qui affectent l'argent virtuel.

2. Changements négatifs dus à l'absence de réglementation

Actuellement, comme mentionné ci-dessus, il y a des avancées dans la réglementation des transactions en crypto-monnaies, ainsi que des institutions qui régulent les transactions et qui appartiennent à l'Union européenne, donc tout changement juridique peut affecter le niveau des monnaies virtuelles que vous possédez ou la façon dont vous opérez.

3. Méfiance à l'égard des utilisateurs

Bien que la tendance des crypto-monnaies soit devenue populaire, le scepticisme à l'égard des échanges avec les utilisateurs reste élevé, notamment en raison des fluctuations de prix, ainsi que le manque de connaissances, ce qui entrave la commercialisation de ces monnaies virtuelles.

Les meilleurs courtiers de démonstration

De la même manière que vous achetez un article de manière approfondie, avec la même approche vous devriez vous entraîner à investir avant de faire ce pas dans un monde volatile, afin que vous puissiez gagner en confiance vous pouvez avoir accès à des courtiers de démonstration, cela aide à apprendre beaucoup plus, et prendre en compte les caractéristiques et les garanties.

Avant d'investir de l'argent réel, il ne fait aucun doute qu'une option clé est de tester à l'avance de suivre une ligne beaucoup plus sûr, vous pouvez obtenir un compte de démonstration pour vous aider à l'échelle, ayant une plus grande familiarité avec les fonctions d'un courtier, vous pouvez commencer avec ces alternatives :

- **Plus500**

Il permet de pratiquer le trading avec des actions, des indices, des matières premières, et surtout des crypto-monnaies, dispose d'une réglementation pour soutenir ses opérations, permet d'accomplir des actions de démonstration illimitées, en plus d'avoir accès à toutes sortes d'appareils, avec des applications de toutes sortes.

Pour avoir un compte de démonstration, il suffit d'avoir un email, un mot de passe et de trouver chaque option qui fait partie de ce logiciel, vous pouvez utiliser un compte Facebook ou Google, ainsi vous avez un solde fictif jusqu'à 40.000 euros, il est très facile à utiliser et a des alertes de mouvements du marché.

- **xStation**

Pour avoir la possibilité de mettre un pied dans le trading, c'est une option efficace, avec une plateforme préparée pour une grande variété d'appareils, l'inscription ne dépend que de l'email, du nom et de l'identité, du type de compte et du mot de passe, le solde fictif est d'environ 20 000 euros, pour une limite de 4 semaines d'opération.

- **eToro**

La pratique du commerce avec les crypto-monnaies devient une réalité à travers cette réponse, il a une réglementation légale pour développer toutes sortes d'échanges commerciaux, vous pouvez avoir accès depuis le site Web, ainsi que depuis un certain dispositif mobile, bien que sans s'inscrire vous pouvez observer les fonctions.

Les marchés d'investissement d'eToro sont très diversifiés et attractifs, les seules données requises sont l'identification, l'email, et avoir un solde d'environ ou jusqu'à 100.000 euros, pour lancer la capacité de trading.

- **Naga**

L'accès démo au monde des crypto-monnaies est garanti par Naga, en étant capable de pratiquer avec des outils de premier niveau, avec une phase d'inscription simple, il a aussi un fonctionnement pour macOS et Windows, c'est un avantage pour s'aventurer avec la puissance des courtiers.

- **Libertex**

Le marché des crypto-monnaies est ouvert pour une formation efficace, et le meilleur de tous, il n'est pas nécessaire de s'inscrire pour trouver chaque option, disponible avec une variété d'appareils, permettant le trading avec un solde fictif, permettant de mettre le prix des actifs à l'épreuve.

- **Trade.com**

Il est développé comme une large opportunité de faire partie du monde des crypto-monnaies, son opération de démonstration est accessible de n'importe quelle façon, et en même temps utiliser toutes les fonctionnalités, en comptant avec un solde fictif de 10.000 euros, tout cela est fourni par le compte de démonstration.

La meilleure façon de choisir un broker de démonstration, est d'estimer le côté gratuit du service ainsi que son fonctionnement, l'intention est d'avoir un apprentissage d'abord, la suite est de consacrer une attention à la question de la facilité d'enregistrement, sans tant d'exigences entre les deux, et avec un accès adapté à vous, sans oublier la puissance de chaque outil.

Méthodes alternatives pour gagner de l'argent avec les crypto-monnaies

Au-delà de l'investissement et de l'attente des prix des crypto-monnaies, il existe un certain nombre de moyens de gagner de l'argent avec les crypto-monnaies, chacun avec sa propre proportion de risques, de possibilités et de techniques, et il est crucial d'entrer dans le détail de ces options :

1. Trading automatique

Dans le monde financier, il existe des robots de trading, qui sont une excellente option pour ceux qui n'ont pas suffisamment de connaissances sur ce monde de l'investissement, c'est aussi un moyen précieux de gagner du temps, car il ne sera pas nécessaire de suivre les graphiques, et les événements des marchés, mais c'est encore une façon risquée comme tout investissement.

Il s'agit d'une série de logiciels où les traders peuvent profiter de profits sous un mode automatique, ce sont des robots qui détectent des signaux de trading, cherchant à acheter et vendre dans un espace de grand avantage, tout dépend de la qualité de l'algorithme, ainsi que du mouvement du marché, c'est une marge d'erreur importante.

2. Cryptomonnaies gratuites

Il s'agit d'une alternative gratuite pour faire partie du monde des crypto-monnaies, bien qu'en général elles ne soient pas totalement gratuites, elles sont utilisées dans le cadre d'un système de participation PoS (proof of stake), sans preuve de travail, ce sont des récompenses qui sont généralement délivrées au moyen de parachutages.

3. Pari sur les crypto-monnaies

Pour les amateurs de risque, il s'agit sans aucun doute d'un chemin de pure adrénaline, depuis que les monnaies virtuelles ont commencé à faire partie du monde des jeux d'argent, chaque plateforme de pari est ouverte au hasard, à travers lequel vous pouvez gagner ou perdre des crypto-monnaies, au niveau international, des casinos exclusifs en crypto-monnaies ont été partagés.

4. Frais de services professionnels

Actuellement, la facturation des services professionnels se fait par le biais d'une crypto-monnaie, permettant à chaque freelance d'avoir une option polyvalente sur ses revenus, tout dépend des négociations qui sont établies avec les clients.